D1150772

LES PLAINES
DU CIEL

Lots of Love and Respect
may the Great Spirit
Love and Protect you
to the End of time

Hatha Squalem, te na thau

Chief Dan George,
Tanyal, Stalaston

LES PLAINES DU CIEL

Chef Dan George et Helmut Hirnschall

Traduit de l'anglais
par
Céline Parent-Pomerleau

 Editions de Mortagne

Données de catalogage avant publication (Canada)

George, Dan, 1899-1981

[My spirit soars. Français]

Les plaines du ciel

Traduction de: My spirit soars,

ISBN 2-89074-855-3

1. Indiens - Amérique du Nord - Canada - Anthologies.
I. Hirnschall, Helmut. II. Titre. III. Titre: My spirit soars. Français.

PS8563.E62M9314 1996   C811'.54   C96-940591-X
PS9563.E62M9314 1996
PR9199.3.G43M9314 1996

Édition
Les Éditions de Mortagne
250, boul. Industriel, bureau 100
Boucherville (Québec)
J4B 2X4

Diffusion
Tél. : (514) 641-2387
Téléc. : (514) 655-6092

Traduction
Céline Parent-Pomerleau

Dépôt légal
Bibliothèque nationale du Canada
Bibliothèque nationale du Québec
Bibliothèque Nationale de France
1er trimestre 1996

ISBN : 2-89074-855-3

1 2 3 4 5 - 96 - 00 99 98 97 96

Imprimé au Canada

Table des matières

LE CHEF DAN GEORGE

Le Chef Dan George est né en 1899 sur
la Réserve Salish de la Côte de Vancouver-
Nord, en Colombie britannique. Il y vécut
son enfance, s'adonnant à la pêche, à la
cueillette d'herbes et de fruits sauvages, à
l'apprentissage des arts et des coutumes
ancestrales de sa tribu. Après avoir
travaillé comme bûcheron pendant trois
ans et comme débardeur pendant
vingt-huit ans, le Chef Dan George, à la

tête d'un petit groupe de danseurs et de musiciens, commença à donner des spectacles dans la région de Vancouver. Il fut également élu Chef de sa réserve et remplit cette fonction pendant douze ans.

Au cours des années 60, il amorça une carrière à la radio et à la télévision, de même qu'au cinéma et au théâtre. Ses interprétations les plus marquantes resteront probablement le rôle principal qu'il a tenu dans un classique du théâtre canadien *The Ectasy of Rita Joe;* le rôle d'Old Lodgeskins dans le film *Little Big Man*, pour lequel il a obtenu une mise en nomination de l'Acadamy Awards pour la meilleure interprétation masculine d'un rôle secondaire; et le rôle du vieil Indien dans *Harry & Tonto*. Son livre, *My Heart Soars*, paru en 1974, a été vendu à plus de 65 000 exemplaires.

Le Chef Dan George s'est éteint en 1981, à l'âge de 82 ans. Un aigle est venu planer au-dessus de la fosse ouverte, en présence des milliers de personnes rassemblées lors de l'enterrement, comme pour symboliser le départ de l'esprit du Chef Dan George.

HELMUT HIRNSCHALL

Helmut Hirnschall est né en Autriche. Il vit au Canada depuis 1960. Après avoir travaillé dix ans comme dessinateur publicitaire et sérigraphiste, il a entrepris de mener une carrière d'artiste indépendant. Il se consacre aujourd'hui à l'écriture et à l'illustration, ainsi qu'à la peinture. Il a collaboré au livre *My Heart Soars* du Chef Dan George. On lui doit également les œuvres *Eyes on the Wilderness* et *Song of Creation*. Il a sa résidence et son atelier à Vancouver.

Amour et respect

Que le Grand Esprit
Vous aime et vous protège
Jusqu'à la fin des temps
Hatha Squalen, te na thaw.

Chef Dan George
Tanyal, Stalaston

Sur le fleuve des jours,
Recueillir la voix
D'une autre tradition.
La faire revivre en écho,
Qu'elle soit une force
Pour les temps à venir!

Céline Parent-Pomerleau

L'amitié vit au cœur de tout être.

Jamais les animaux n'ont eu
autant besoin de la compassion
de l'homme.

Ai-je laissé voler l'aigle en liberté?

Un jour viendra bientôt où mon petit-enfant aura la nostalgie du chant du huard, de l'éclair du saumon qui jaillit, du frémissement des aiguilles de l'épinette ou du cri perçant de l'aigle. Mais aucune de ces créatures ne deviendra son amie et il me maudira, le cœur brûlant de regrets.

Ai-je fait tout ce qui était possible pour préserver la pureté de l'air?
Me suis-je suffisamment soucié de l'eau?
Ai-je laissé voler l'aigle en liberté?

Ai-je fait tout ce qu'il était possible de faire pour mériter l'affection de mon petit-enfant?

Un même désir

Un même désir anime tous les hommes
et toutes les créatures :
avoir le sentiment de leur valeur,
de leur utilité. Le respect mutuel
entre tous les êtres est indispensable
si l'on veut satisfaire cette aspiration
commune.

Au temps jadis,
l'homme et l'animal
vivaient en harmonie
et la beauté de la terre
emplissait leur cœur.
À présent,
il faut compter
sur la diligence
de chacun d'entre nous
pour assurer
au saumon une frayère
et à l'ourson
un arbre
dans lequel
grimper.

Le temps presse
et il nous faudra
faire beaucoup
d'efforts!

Prière pour mon frère l'ours

Ô Grand Esprit, toi qui écoutes toute créature,
Je parle au nom de mon frère l'ours :

Que la douce clarté de la lune baigne les nuits
de son jeune âge et qu'il garde pour toujours
le souvenir de la chaleur maternelle.

Que les baies délicieuses poussent en abondance
pour assurer vitalité et force à son cœur,
de sorte que son corps n'ait jamais à pâtir
du poids des années.

Que les fleurs sauvages tempèrent son humeur
pour qu'il conserve toujours
un comportement paisible.

Accorde puissance et rapidité à ses pattes pour
qu'elles le portent en tout temps vers la liberté.

Aiguise la finesse de son nez, de ses oreilles,
que ses sens le mettent chaque fois
à l'abri du danger.

Qu'il ne croise sur sa route que les hommes
qui savent en leur cœur reconnaître sa beauté
et respecter sa force, afin qu'il soit à jamais
chez lui au sein de la nature.

Inspire aux hommes un profond respect de la vie,
de sorte qu'aucun n'ait à ressentir la honte
qui habite le cœur coupable.

Ainsi, il y aura toujours une forêt sauvage
pour mon frère l'ours, aussi longtemps que durera
le voyage du soleil dans le ciel.

Voilà, Ô Grand Esprit, ce que je te demande
pour mon frère, l'ours.

23

L'ours est le plus proche de l'homme

À ma naissance,
mon grand-père m'a enlevé
à ma mère
pour m'envelopper dans
une douce fourrure
d'ours noir.
Elle m'a donné
de la chaleur!
Elle m'a procuré
bien-être et sécurité!
Comment ne pas
éprouver
de la reconnaissance
envers l'ours?
De tous les animaux,
l'ours est le plus proche
de l'homme.
Il semble pourtant
y avoir bien peu
de place pour lui
à présent.

Le nid désert

J'ai vu les brumes de l'aube s'évaporer
sous les rayons du soleil matinal
autant de fois qu'il y a de feuilles
au cornouiller. J'ai rêvé autant de nuits,
sous la garde silencieuse des étoiles.
Les saisons se sont succédé avec leur lot
de tâches sans que j'aie eu le temps
de m'attrister sur leur passage.
Tout au long de ma vie, j'ai vu se produire
tant de choses étranges. Il m'est arrivé
maintes fois de ne pas comprendre
tous ces bouleversements.
Certains m'ont mis en colère,
d'autres m'ont fait honte
et bon nombre m'ont attristé.
Mais rien ne saurait m'endeuiller
comme le spectacle de la nature
qui disparaît pour laisser place
aux caprices des hommes.

Sur les rives du lac où est bâtie
ma cabane, par-delà les roseaux,
il y a un nid de huard.
Depuis mon enfance, saison après saison,
j'ai salué la venue des nouveaux oisillons.

Je n'y retourne plus désormais,
car le soleil se lève sur un nid désert
que le vent et la pluie ont fait s'effondrer.
Leur rire ne retentit plus
comme aux soirs d'autrefois
et je me demande
où ils élèvent
à présent leurs petits.

Ont-ils fait leur nid
loin des bateaux à moteurs,
des eaux mortes
et des gens
qui les font
plonger
juste pour rire?
Y a-t-il encore
quelque part
un lac sauvage?
Lorsque le huard
aura disparu,
qui nous portera
les messages
du monde
des esprits?

La terre pour visage

Bien des saisons ont fui
depuis ce temps où j'avais des bras
puissants, des jambes agiles;
mon dos était droit alors et mes yeux
valaient ceux de l'aigle.
En regardant mon visage,
les gens ne voyaient rien d'autre
que le visage d'un Indien sans nom.
Peu d'hommes m'appelaient frère.
Mon visage ne leur inspirait pas l'envie
de me connaître,
car c'était le visage d'un Indien.

Pourtant, déjà à cette époque,
mon visage était connu.

Connu de l'écureuil, qui sursautait
au craquement d'une brindille,
sous mon pas,
lorsque je marchais dans les bois.

Du porc-épic, posté au faîte de l'arbre,
qui me voyait passer tout en bas.

Du grand corbeau qui annonçait
en coassant ma venue aux autres animaux.

Du renard, qui venait chaparder
dans ma cache à nourriture
et du castor, qui me regardait
installer mes pièges.

Connu de l'ours dont la tanière
était cachée au milieu de la forêt
où se dressait ma cabane.

Du héron qui m'a enseigné
la patience lorsque j'étais
en quête de nourriture.

De la fauvette
dont le chant
remplissait mon cœur de joie.

Du vent qui m'apportait
les messages d'autres plantes
et d'autres animaux.

De la pluie qui alimentait le ruisseau
où je venais me désaltérer, jour après jour.

Des lacs dont les eaux
se confondaient avec le ciel, symbole
de liberté pour toutes les créatures.

Les arbres me reconnaissaient aussi.
Mon père m'a enseigné qu'un jour,
lorsque la peau de mon visage sera ridée
comme l'écorce du pin, mon esprit quittera
mon corps pour aller habiter un arbre.

Mais tel le loup qu'on cherchera bientôt
en vain dans ces bois, mon visage est celui
d'une espèce en voie de disparition.

Ce que tu vois dans la nature sauvage
se trouve aussi sur mon visage;
ce que tu vois sur mon visage,
tu le verras dans la nature.

J'ai la terre pour visage!
Si tu méconnais l'un,
tu négligeras l'autre!
Si tu blesses l'un,
l'autre portera la cicatrice!
Si tu méprises l'un,
l'autre en sera déshonoré!

Si tu humilies l'un,
tu feras pleurer l'autre!
Si tu ignores le nom de l'un,
jamais l'autre ne révélera son nom!
Comment peux-tu méconnaître
mon visage?
Et la terre, comment est-il possible
que tu ne la connaisses pas?
N'est-elle pas tout autour de toi?

   N'est-elle pas partie intégrante
de tout ce que tu fais,
de tout ce pourquoi tu vis?

   N'est-elle pas au creux de ton cœur,
à la source de ton désir de fraternité?

   Ne vivons-nous pas tous
à une époque éclairée,
où jamais plus personne
ne devrait être un visage
sans identité,
pas même un Indien?

Aujourd'hui, mes cheveux ont pris
la couleur du clair de lune
et ma voix ressemble
au souffle léger du vent
sur les feuilles mortes.
Mon visage est devenu célèbre
par la magie du cinéma.
Les gens me reconnaissent dans la rue
et disent avec admiration :
«C'est le Chef Dan George.»
Mais combien de mes frères
restent des visages anonymes,
méconnus parce qu'ils sont Indiens,
comme je l'ai été avant
que vous ne connaissiez
le nom du Chef Dan George?

J'ai essayé d'être Indien

Personne ne me déniera le droit
d'affirmer que j'ai essayé d'être Indien.

Dans le monde de l'Homme Blanc,
ce fut difficile, mais je m'y suis efforcé.

J'ai essayé de prendre soin
de mon peuple et je m'en suis préoccupé,
à la manière du Chef Dan George
et non comme d'autres
eussent souhaité que je le fasse.

Est-il possible au chevreuil
de grimper aux arbres
comme le raton laveur?
Il y aura toujours quelqu'un
pour confondre chevreuil et raton;
une telle personne a les yeux faibles,
mais la langue bien déliée.

Si quelqu'un vient à dire
que je n'ai pas été suffisamment Indien,
c'est qu'il ne saura jamais à quel point
j'ai tâché de l'être.

Aie pitié

Aie pitié du vieil homme dont les enfants ne peuvent entendre les soupirs.

Aie pitié de la vieille femme qui a pour seul réconfort ses souvenirs fugaces.

Aie pitié d'un peuple lorsque ses aînés ne peuvent sourire au soleil couchant.

La confiance qu'un enfant éprouve
pour une grande personne
se révèle au contact de sa main.

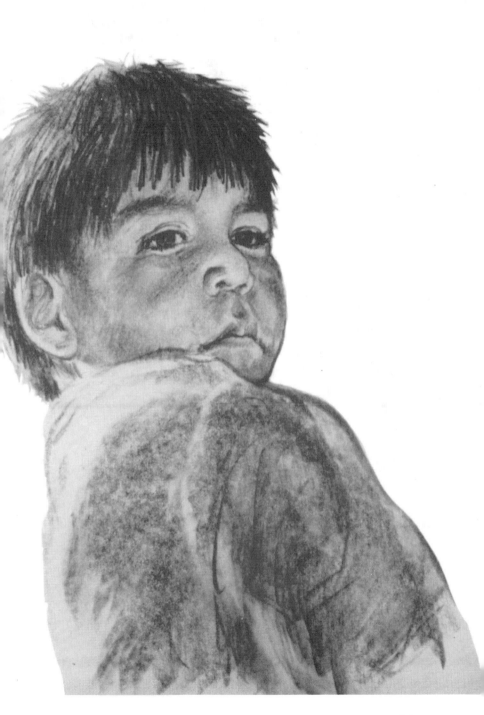

39

Laissons parler la nature

Est-il vraiment nécessaire, pour un jeune
garçon, d'apprendre le nom d'un animal,
de savoir quel est son habitat,
ses habitudes alimentaires, les soins qu'il
donne à ses petits, s'il n'a pas en même
temps la possibilité de vivre à proximité
de cet animal? Ne serait-il pas préférable
de laisser parler la nature,
de laisser le garçon exprimer
son affection innée
pour toutes les créatures
plutôt que de lui enseigner
à faire étalage
de ses connaissances?

Ce monde n'a
véritablement besoin
que d'une seule chose :
que chaque enfant
puisse grandir heureux.

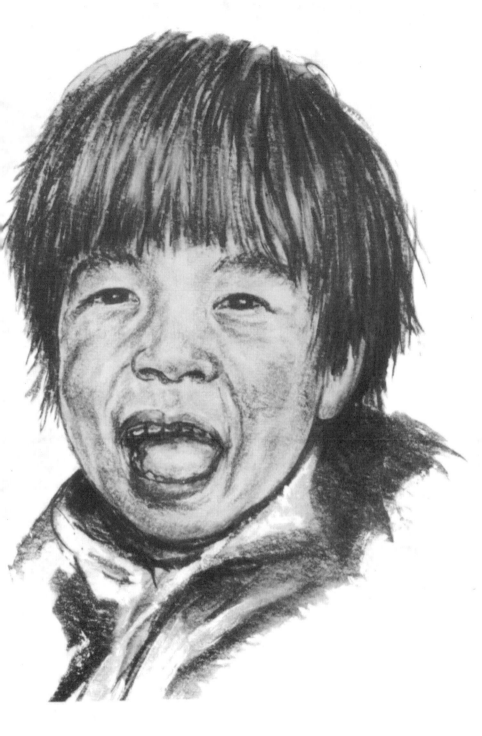

À une jeune autochtone

Tu vis loin de la ville
et tu es malheureuse,
loin de la ville aux mille promesses,
et tu te crois pauvre
en vivant avec les tiens.

Mais lorsque tu vivras
comme ceux qui ont grandi dans les villes,
tu n'entendras plus la plante te dire :
«Mange-moi»,
tu ne demanderas plus à l'animal
d'apaiser ta faim.

Le sol sera si dur
que tu voudras courir
sans t'arrêter, trop loin...
il n'y aura ni mousse pour t'étendre
ni arbre pour y appuyer ton dos.
Tu ne pourras apaiser le feu de ta gorge
en puisant l'eau au creux de ta main;
un liquide dans une bouteille
te brûlera la langue,

affaiblira ton esprit
et fera se languir ton cœur
pour l'eau fraîche d'une source.

Un millier de petits soleils,
qui ne se couchent jamais,
luiront tout autour de toi,
mouilleront tes yeux de larmes.
Le vent ne portera plus
les messages des terres lointaines
et l'âcre odeur d'innombrables machines
te prendras à la gorge,
comme celle de mille putois enragés.

Tu lèveras les yeux au ciel
en prière, pour que tombe la pluie.
Tu verras plutôt,
par-delà la cime des arbres,
se dresser une autre ville
entre toi et ton étoile-guide.
Tu t'interrogeras alors...
Où donc les gens de la ville
gardent-ils leurs morts?

Du plus profond de toi
montera la nostalgie
des jours de ton enfance,
tes doigts s'agripperont
à la dent sacrée
cachée dans la poche
de ton manteau.
Mais le train qui t'aura
emmenée en ville
aura laissé
derrière lui
l'esprit qui guide
les chasseurs perdus en forêt.

Tes yeux chercheront en vain à voir le soir
s'égoutter comme du miel sauvage
sur les rayons du soleil couchant.
Tes narines frémiront au souvenir
de l'odorante vapeur des cascades
montant des canyons
de ton enfance.

Debout au coin d'une rue,
au milieu de la clameur,
tu pencheras la tête, désespérée,
parce qu'en toi, ce désir inassouvi
de caresser le canoë
que ton père a sculpté
lorsque tu es née.

Tu regarderas tout autour :
rien ne te sera familier.
Lorsque tes jambes auront perdu
leur force,
tu reconnaîtras ton frère
à l'ombre tordue que son corps jette
au coin d'une rue,
dans une ville,
où les gens se croisent sans voir
les larmes qu'ils ont
au fond des yeux.

49

Lorsque la mort viendra

La mort sera douce avec moi.
Comme une vieille amie qui s'arrêterait
en passant pour m'inviter à marcher
lentement en direction du soleil.
Je n'aurai aucune hésitation
à l'accompagner. Je ne m'arrêterai pas
pour regarder derrière moi.

Peut-être viendra-t-elle
alors que je serai assis dans mon fauteuil,
enroulé dans ma couverture.
Je n'aurai pas un soupir
afin que les autres puissent vaquer
à leurs occupations en me croyant endormi.

Je saurai alors ce que j'ai toujours
pressenti, que la mort n'est pas
un mystère, mais un passage
vers la naissance.
Naissance, tout commence avec toi :
l'enfant, la plante, le fleuve, la terre
et le soleil, les étoiles...
ce que nous ne voyons ni n'entendons,
le monde des esprits dont certains ont peur.

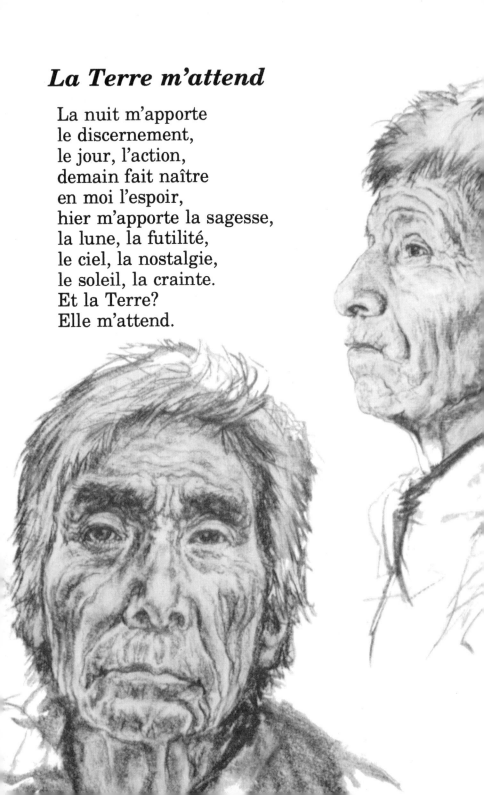

La Terre m'attend

La nuit m'apporte
le discernement,
le jour, l'action,
demain fait naître
en moi l'espoir,
hier m'apporte la sagesse,
la lune, la futilité,
le ciel, la nostalgie,
le soleil, la crainte.
Et la Terre?
Elle m'attend.

La mort

La mort vient à nous
sous différents visages.
Dans la fleur coupée,
dans la carotte que nous mangeons
ou dans le petit enfant.

La mort est monstrueuse et belle,
utile et dévastatrice,
tragique et heureuse.
Elle est en toute chose et
elle est toute chose.

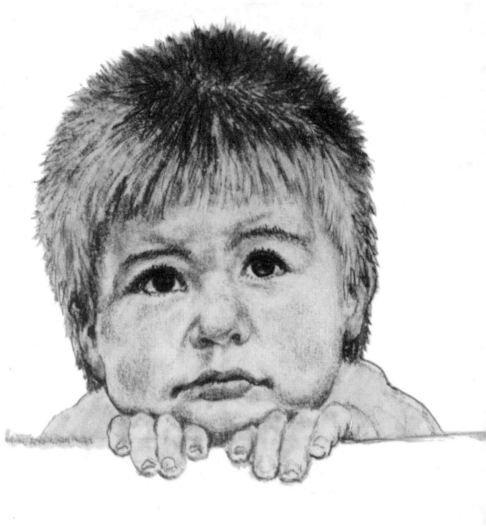

On se souviendra avec mépris
de l'homme que le chagrin d'un enfant
ne savait émouvoir.

Il est dommage que l'enfant
ne puisse recevoir en héritage
l'expérience du vieillard.

Mon petit-enfant,
en toi coule mon sang,
en toi mes espoirs trouvent refuge.

Le Loup

On a chassé le Loup du territoire.
Sans lui, le clan du Loup ne peut célébrer
la cérémonie du Loup.
Perdre une cérémonie, c'est perdre le passé.

La cérémonie du Loup

Je voulais transmettre à mon petit-fils
quelque chose de mon passé. Aussi l'ai-je
emmené en forêt, dans un coin retiré.
Assis à mes pieds, il m'a écouté lui parler
des pouvoirs qui ont été accordés à chaque
créature. Il est resté immobile
alors que je lui expliquais
comment la nature avait toujours été
pour nous dispensatrice de nourriture,
de gîte, de confort et de religion.

Il fut étonné lorsque je lui ai raconté
comment le loup était devenu
notre protecteur et au comble de la joie
quand je lui ai dit que j'allais chanter
le chant sacré du Loup pour lui.

Par mon chant, j'ai appelé le Loup
pour qu'il vienne présider la cérémonie
alors que je célébrerais le rite qui lierait
mon petit-fils et le Loup pour toute leur vie.

J'ai chanté. Avec, dans la voix, l'espoir
soudé à chaque battement de cœur.
J'ai chanté. Mes mots chargés des pouvoirs
hérités de mes ancêtres.
J'ai chanté. Avec, au creux de mes mains,
une graine de cèdre, maillon de la création.

J'ai chanté. Avec l'amour au fond des yeux.
J'ai chanté. Et mon chant a glissé sur les
rayons du soleil, d'arbre en arbre.

Lorsque je me suis tu, on aurait dit
que le monde entier retenait son souffle
avec nous pour écouter le loup nous
répondre. Nous avons attendu longtemps,
mais aucune réponse n'est venue.
J'ai repris mon chant, ma voix
s'est faite humble, la plus implorante
possible, jusqu'à ce qu'elle m'abandonne
et que ma gorge soit en feu.
J'ai compris tout à coup pourquoi
aucun loup n'avait entendu mon chant
sacré. Il n'y avait plus de loups!
Mon cœur s'est gonflé de larmes.
Il m'était désormais impossible de
transmettre à mon petit-fils
la foi dans le passé, notre passé.
J'ai pu finalement lui murmurer :
«C'est fini!»
«Est-ce que je peux rentrer à présent?»
demanda-t-il en regardant sa montre, pour
vérifier s'il pouvait encore arriver à temps
pour regarder son émission de télé préférée.
Je l'ai regardé disparaître et j'ai pleuré
en silence.

Tout **est** fini!

Nous sommes vivants
dans la mesure où
nous gardons
la Terre vivante.

La vie et la mort : un chant sans fin.

Seul l'amour peut arrêter
la souffrance d'un enfant.

Nous blessons le Grand Esprit
bien plus qu'il ne nous blesse!

Si ton âme devait choisir un arbre

Le monde de l'Esprit
est en relation étroite
avec le monde des créatures vivantes.
Un vieil homme ne peut guère envisager
l'après-vie avec optimisme.
Si son âme devait vivre dans un arbre
après avoir quitté son corps,
qu'adviendrait-il d'elle?

Quel futur peut espérer l'arbre,
de nos jours?

Le soleil accroît la rapidité des jeunes
et nous ralentit, nous, les vieux.

Jamais je n'ai méprisé Dieu

Ma vie n'a pas été facile.
J'ai eu bien des hauts et des bas,
du bon temps et des jours de colère.
Ma colère visait les hommes
et des questions
qui n'importent qu'aux hommes.
Jamais je n'ai méprisé Dieu.
Mon grand-père s'était attaché
à m'enseigner Son respect.

Nos enfants doivent fréquenter l'école
pour devenir civilisés.
Là, on leur parle
des différentes Églises.
On pourrait croire
que celles-ci ont été créées
dans le seul but
de se dénigrer mutuellement.
Quand les gens se disputent à ce sujet,
ils mêlent Dieu à leurs querelles
de clochers.
L'Église de mon grand-père
n'a pas été érigée par l'homme;
c'est pourquoi celui-ci n'aurait jamais pu
m'enseigner à me disputer avec Dieu.
Notre Église, c'était la nature.

Un brin de soleil

J'aime à m'asseoir au soleil,
même s'il ne me réchauffe plus autant
que dans ma jeunesse.

Je ne regarde plus tellement
ce qui se passe autour de moi;
je ne tends guère l'oreille pour entendre.
Il y a tant de choses que je ne souhaite
ni voir ni entendre.
Aussi je m'assois simplement au soleil
et je goûte un autre jour de tranquillité.

Chaque soir,
lorsque je m'étends pour dormir,
je ne sais si un nouveau matin viendra.
Le matin venu, je dis :
«Bonjour, l'univers!»
et je me mets en quête
d'un peu de soleil.

Changements

Le monde a tellement changé
que les gens âgés s'y sentent étrangers,
comme de tout petits enfants.
Mais à la différence de l'enfant
qui n'a pas d'autre choix,
je ne souhaite plus apprendre
de nouveaux sons,
connaître des saveurs,
des senteurs ou des textures nouvelles.

Pour certains,
ces changements sont signe de progrès;
à mon avis, la nature est encore
la meilleure chose
qu'on puisse connaître.
On peut difficilement
faire table rase du passé.

75

Nous avons tant perdu

Nous avons tant perdu. Bien que les circonstances nous aient été contraires, nous sommes également coupables. Nous n'avons pas su parer au choc que nous a infligé l'homme blanc.

Honnêteté et vanité

Une couverture, une chaise confortable
sur laquelle m'asseoir. À mon âge, ce sont
les objets dont j'ai le plus besoin.
Le temps s'étire et je me prends à réfléchir
à mille choses. Certaines sont sans
conséquence; d'autres demeureront
toujours importantes. Par exemple,
les réflexions sur l'honnêteté et la vanité.
Comme l'huile et le vinaigre, les deux
ne se mêlent pas; pourtant, je ne peux
m'empêcher de méditer sur leurs effets.
Lorsque j'étais enfant, on inculquait
à chaque jeune l'honnêteté. De nos jours,
la vanité est devenue un simulacre de
l'honnêteté. Elle leurre un grand nombre
de parents et leur fait enseigner
aux enfants de mauvaises attitudes.

Je suis inquiet pour mes petits-enfants.

J'ai peur pour la Terre.

La vanité de l'homme a le pouvoir
de disposer de toute vie, au point que
la Terre ébranle les assises de l'Univers.
L'honnêteté, celle qui respecte la vie,
est la seule force qui prévaut sur la vanité.

Mon âme

Mon âme, tu découvriras bientôt
à quel point le soleil est froid,
quels créateurs tissent les aurores
et font entendre la chanson
du temps aux hommes.

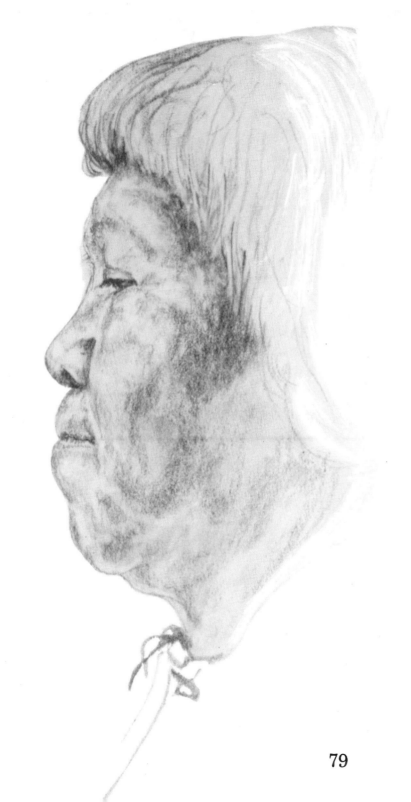

79

Beaucoup peuvent vivre
dans l'harmonie
là où nul n'est intrus.

Espérances

Espérances?
Qui n'en a pas?
Il en est une au fond de mon cœur.
Que subsiste quelque chose de moi,
comme un pont, même étroit,
pour qu'un voyageur,
au hasard de sa route,
puisse le traverser et ressentir alors
à quel point celui qui l'a jeté
était épris de fraternité.

Je ne peux plus

Je ne peux plus dire à mon petit-fils :
«Voici ton pays!»
Je ne peux plus lui dire :
«Chasse afin de nourrir ton peuple!»
Je ne peux plus lui demander :
«Prie et rends grâce pour l'abondance
des rivières et des forêts!»
Je ne peux plus lui crier : «Tu es Indien!
Le futur sera bon pour toi!»
Je ne peux qu'espérer que ses ans
soient remplis de paix et d'amour.

Je fais le vœu que chaque enfant
puisse trouver sa voie et que chaque
homme reconnaisse le droit chemin.

Sagesse

Il est une sagesse
propre à l'enfance et
il en est une
qui vient avec l'âge.
L'une est bruyante,
curieuse de tout,
l'autre,
silencieuse et vraie.

Quelles merveilles, quels espoirs ?

Comment les enfants peuvent-ils rêver de merveilles pendant que nous leur laissons nos problèmes en héritage?

Quels espoirs nourrissons-nous en eux alors que nous les menons au désespoir?

La grâce de Dieu vit dans les yeux radieux d'un enfant.

Tous les scientifiques de la terre
ne peuvent rien pour l'enfant mal aimé.

L'enfant ne questionne pas les torts
des grandes personnes, il les subit !

93

Compassion

Lorsqu'on est vieux et délaissé,
il arrive que l'on ressente de l'amertume.
Mais l'amertume dessèche le cœur
et engendre la solitude.
À une certaine époque,
il m'est arrivé de ressentir cela.
Je n'ai pourtant pas abandonné.
Il faut continuer à vivre et le faire
du mieux que l'on peut.
La meilleure façon,
la plus agréable,
c'est regarder au fond des yeux
d'un petit enfant,
regarder jusqu'à en frémir de compassion.
La joie de la vie se révélera alors à vous.

La compassion doit embrasser
tous les sentiments qu'on vient à éprouver
au cours d'une vie.
Alors, seulement,
il est possible de laisser la flamme
s'éteindre d'elle-même.

Un autre que moi

Je me suis réconcilié avec le monde et
je suis reconnaissant pour tout.
Un autre que moi aura plaisir
à accueillir le prochain printemps;
un autre que moi aura à peiner
tout au long d'un nouvel été;
un autre que moi s'émerveillera devant
les présents de l'automne; un autre dira :
«La vie est bonne!»

À un enfant

Que les étoiles emportent
au loin ta peine,

Que les fleurs poussent
en jardin dans ton cœur,

Que l'espoir essuie tes larmes
pour toujours

Et surtout, que le silence
fasse mûrir ta force.

Amour

Il est difficile à l'enfant
de ne pas avoir peur.
Il est impossible à l'enfant
d'échapper au doute.
Notre amour permet à l'enfant
d'envisager le futur avec confiance.

L'amour véritable

L'amour véritable, fait de silence,
de profondeur et de constance,
est agréable au créateur.

Nos cœurs s'alourdissent parfois
et nous appréhendons le futur. Les jeunes
ne devraient jamais sous-estimer
cet amour qui agit imperceptiblement
et de mille façons. Grâce à lui,
il nous est possible de regarder avec
confiance les années à venir. Partout où il
est présent, il fait s'épanouir la beauté.

Je serais un homme malheureux
si je ne voyais l'espoir dans les yeux
de mon petit-enfant.

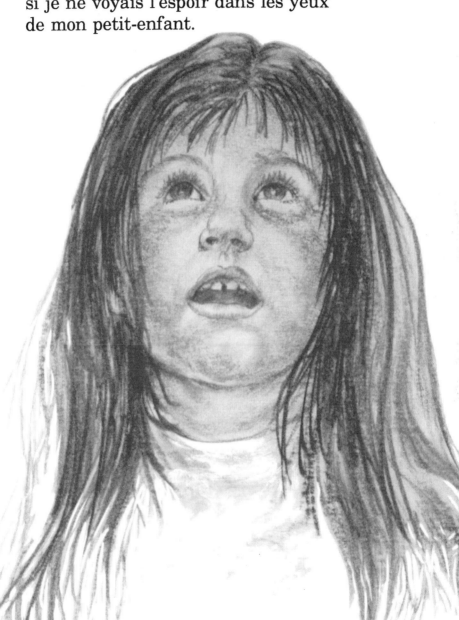

Le tambour s'est tu

Le tambour s'est tu,
la crécelle est cassée,
le chant oublié.
Mes mains sans force,
ma voix est si faible,
mes yeux débordent
de larmes.
Ô, mon petit-fils,
quel souvenir
garderas-tu
de moi?

Une fois encore

Une fois encore, je veux entendre l'eau
me parler doucement de la terre.

Une fois encore, je veux toucher un enfant
et franchir la barrière du temps.

Une fois encore, je veux goûter la sève de l'arbre
pour me remémorer la force du printemps.

Une fois encore, je veux voir la couleur
du bonheur pour me convaincre
que le chant funèbre me sera agréable.

Alors, Ô Terre, je serai prêt à te rendre le peu qui
me reste de toutes ces années où tu m'as nourri.

Les hommes qui profanent la terre sacrée
sont la cause de bien des afflictions.

Quand de mon corps inerte ne montera
plus aucun chant, mon esprit s'unira
à l'aigle planant là-haut et, ensemble,
pour mon peuple, ils feront retentir leur cri.
Petit-enfant, garde bien en ton cœur
l'aigle et le souvenir de moi,
qu'ils puissent tous deux trouver le repos;
alors leur cri commun n'en sera plus un
de douleur, mais de joie!

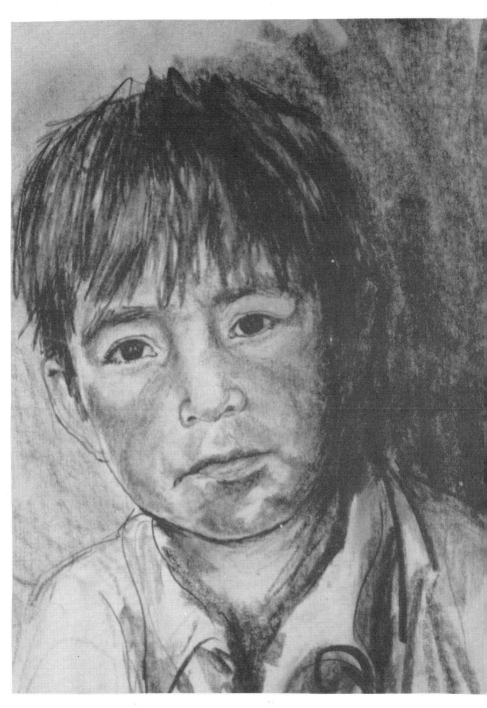

Épilogue
de
Helmut Hirnschall

Au cours de sa vie, le Chef Dan George
a connu bon nombre de difficultés;
la première fut de naître Indien.

À l'instar de ceux de sa race,
il vécu dans la pauvreté la majeure partie
de son existence. Sans doute était-il
peu rentable d'avoir une tête d'Indien.
Mais aux abords de la soixantaine,
ce visage indien allait être l'artisan
de sa fortune. Les fabricants de rêve
d'Hollywood allaient le découvrir
et le mettre à profit. L'assurance tranquille
de ses paroles, la douceur de sa voix,
la blanche cascade de ses cheveux
et son visage sillonné de rides au sourire
empreint de gentillesse devinrent garantie
de succès cinématographique.

À la différence de plusieurs artistes
de la télévision et du cinéma
qui se laissent séduire par la gloire
et la fortune, le Chef Dan George demeura
lui-même. Il conserva un mode de vie
très simple ainsi que sa foi
dans les principes

qui l'avaient toujours guidé.
Il continua de manifester son respect
pour l'âme et la culture amérindiennes,
et garda un amour impérissable
pour son épouse et sa famille.

Lorsque le Chef obtint une mise
en nomination de l'Academy Awards
pour son rôle dans le film *Little Big Man*,
il projeta de se rendre à la cérémonie
de remise des prix à Los Angeles
accompagné de son épouse.
Par malheur, celle-ci tomba gravement
malade. Elle insista pour qu'il se rende
à Los Angeles sans elle et regarda
la cérémonie à la télévision,
de son lit de malade.
La fierté qu'elle éprouva
contribua momentanément à apaiser
ses souffrances. La mort vint cependant
les séparer au moment où il aspirait
à partager son bonheur avec elle.

Dans les années qui suivirent, l'étoile
du Chef poursuivit son ascension
et on le vit à l'écran
aux côtés des plus grands :
Bob Hope, Glenn Ford, David Carradine,
Clint Eastwood, Dennis Weaver,
Art Carney et Suzanne Sommers,

108

pour ne nommer que ceux-là.
Il lui était pourtant impossible de savourer
pleinement ses succès, puisqu'il ne pouvait
les partager avec son épouse.
L'attachement qu'il avait pour elle,
le désir de la retrouver ne firent
que grandir avec les années.
Au crépuscule de sa vie, il s'était replié
dans le grand vide créé par son absence.

La dernière fois que je lui ai rendu
visite, je l'ai trouvé assis sur une chaise,
devant sa maison, une couverture
sur les épaules, enveloppé par les chauds
rayons du soleil. L'air était chargé
des parfums de l'été. J'ai vu qu'il avait
les yeux fermés et je me suis approché
doucement. Je n'ai pas osé prononcer
son nom ni le toucher de crainte de venir
déranger ses rêves. Je cherchai à découvrir
sur son visage les rides creusées
par le chagrin et celles laissées par la joie.
La peau tirée épousait les contours
des pommettes, la bouche – vidée
de ses dents – semblait ne plus avoir
de lèvres. Au cours des derniers mois,
la vie s'était mise à refluer de son corps
au point que tout en lui semblait dire :
il est temps de partir.

Je me suis souvenu à ce moment
d'un rêve que j'avais fait un an plus tôt.
Dans ce rêve, je le voyais remonter l'allée
du jardin qui mène à ma demeure.
Nous avons eu un entretien télépathique
sur le pas de la porte.
Il déclina mon invitation à entrer et,
en me serrant la main, il me «dit»
qu'il était venu me faire ses adieux.
J'avais été un ami sincère
et il me remerciait d'avoir partagé
sa route. Il allait mourir en septembre.

Pendant les jours qui suivirent,
je muselai le message de mon rêve
par mes nombreux doutes.
Septembre passa... il était toujours vivant.
J'étais heureux que le message du rêve
ne fût pas prophétique et,
comme mes rêves précédents,
celui-ci fut rapidement oublié.

Une tristesse profonde m'envahit
tandis que je continuais à l'observer,
assis sur sa chaise, les rayons du soleil
sur ses cheveux blancs et clairsemés.
Je sus brusquement que mon rêve allait
se réaliser : septembre serait de retour
dans quelques semaines,
et il n'en verrait jamais les derniers jours.

Il paraissait être conscient
de ma présence bien que ses yeux
fussent toujours clos. Peut-être savait-il
depuis le commencement que j'étais là,
debout, à le regarder. Il me fit signe
de m'asseoir près de lui.
J'ai su à cet instant qu'il voulait
me faire vivre les mots qu'il m'avait dictés
quelques mois auparavant :

Touche ma main
avant que la voix me manque.
Assis à mes côtés,
attends que les ombres se dissipent,
puis souris...

Le Chef Dan George mourut
paisiblement, ainsi qu'il avait toujours
vécu. Dans la nuit du 23 septembre 1981,
son âme déserta son corps endormi.

Encore enfant,
il avait vu son grand-père transporter
les ossements de ses ancêtres,
à bord d'un canoë, jusqu'à un nouveau site
de sépulture, passé la crique
de Burrard Inlet. Alors que son grand-père
pagayait en direction du rivage,
sept tortues firent surface et nagèrent
à proximité du canoë.

Juste avant de toucher la rive
où seraient inhumés les restes
des ancêtres, les tortues nagèrent en cercle
à plusieurs reprises
autour de l'embarcation,
puis elles plongèrent pour disparaître
à jamais. Dan George apprit alors
que les tortues avaient été habitées
par les âmes de ses ancêtres.

Lorsque la dépouille du Chef
fut mise en terre, sa famille et ses amis
furent témoins d'un événement stupéfiant :
un aigle parut soudain dans le ciel,
puis vint planer en cercles silencieux
au-dessus de leurs têtes.
Une fois le cercueil disparu
au fond de la fosse,
l'aigle alla se perdre dans les nuages.